Impressum
Verlag: BABADADA GmbH, Nedderfeld 112 , 22529 Hamburg
Geschäftsführer / Verlagsleitung: Harald Hof
Druck: Books on Demand GmbH, In de Tarpen 42, 22848 Norderstedt

Imprint
Publisher: BABADADA GmbH, Nedderfeld 112 , 22529 Hamburg, Germany
Managing Director / Publishing direction: Harald Hof
Print: Books on Demand GmbH, In de Tarpen 42, 22848 Norderstedt, Germany

AF280391

学校
ښوونځی

教室
ټولګی
除
تقسیم
186/2
黑板
بورډ
老师
ښوونکی
纸
ورق
书写
لیکل
钢笔
قلم
办公桌
ډیسک
直尺
خط کش
书
کتاب
学生
زده کونکی

书包

کڅوړه

铅笔盒

د پنسل بکسه

铅笔

پنسل

卷笔刀

پنسل تراش

橡皮擦

ربړ

画板

د رسامی پاڼه

图画

رسامي

画笔

د نقاشۍ برس

颜料盒

د نقاشۍ بکس

剪刀

قیچي

胶水

سریښ

练习册

د تمرین کتاب

家庭作业

کورنۍ دنده

数字

شمیر

加

جمع

减

منفي

乘

ضرب

计算

حساب

字母

توری

字母表

الفبا

字

کلمه

课文

متن

读

لوستل

粉笔

تباشير

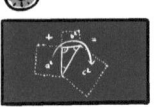

上课

درس

登记

راجستر

考试

ازموينه

证书

تصديق پاڼه

校服

د ښوونځي يونيفارم

教育

تعليم

百科全书

دايره المعارف

大学

پوهنتون

显微镜

مايكروسكوپ

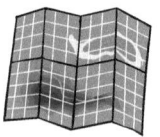

地图

نقشه

废纸篋

اشغالدانۍ

旅行
سفر

酒店
هوټل
Grand
青年旅社
ليليه
ROOMS
外币兑换处
د اسعارو د تبادلې دفتر
EXCHANGE
手提箱
بکس
汽车
موټر

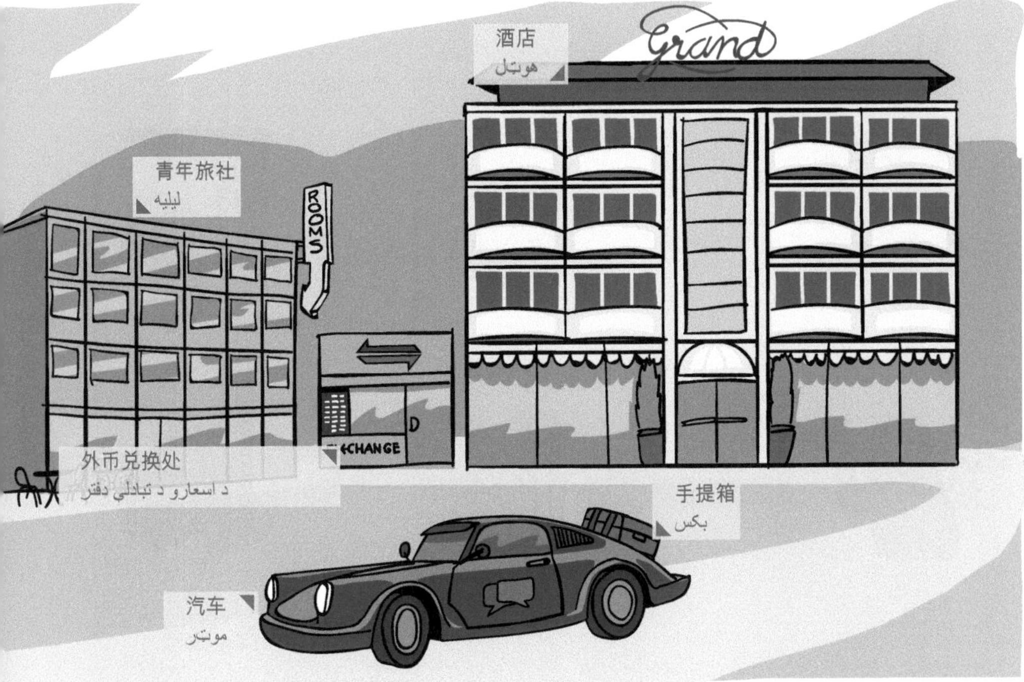

语言
ژبه

是/否
هو/نه

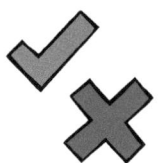

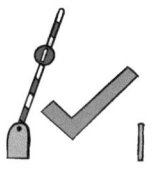

好的
سمه ده

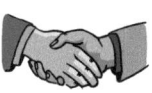

您好
سلام

翻译员
ژباړونکی

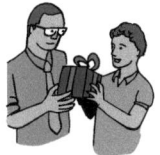

谢谢
مننه

……多少钱？

څومره دي...؟

我不明白

زه نه پوهیږم

问题

ستونزه

晚上好！

ماښام مو پخیر!

早上好！

سهار په خیر!

晚安！

شپه په خیر!

再见

په مخه مو ښه

方向

لارښود

行李

سامان

包

بیک

双肩包

شاتنی بکس

客人

میلمه

房间

خونه

睡袋

د خوب کڅوړه

帐篷

خیمه

旅游信息

د توریزم معلومات

海滩

ساحل

信用卡

کریډیټ کارت

早餐

ناری

午餐

د غرمې خواړه

晚餐

د شپې خواړه

票

ټیکټ

电梯

لفټ

邮票

مهر

边界

پوله

海关

ګمرک

大使馆

سفارت

签证

ویزه

护照

پاسپورټ

交通运输

ټرانسپورټ

飞机
الوتکه
船
消防车
د اور ماشین
بس
卡车
ټرک
汽艇
موټرکښتۍ
汽车
موټر
自行车
بایک

摆渡船

کښتۍ

小船

کښتۍ

摩托车

موټرسایکل

警车

د پولیسو موټر

赛车

د ریس موټر

租车

کرایي موټر

拼车

د کرایه موټرې

拖车

جرثقیل لرونکی ټرک

垃圾车

ریفیوز ټرک

发动机

موټر

汽油

سونګ توکي

加油站

پټرول سټېشن

交通标志

ترافیکي نښه

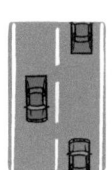

交通

ترافیک

交通堵塞

جام ترافیک

停车场

د موټرو تمځای

火车站

د ریل سټېشن

轨道

پاټکي

火车

ریل

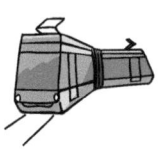

电车

ټرام

货车

واګون

直升机

چورلکه

机场

هوايي ډګر

塔

برج

乘客

مسافر

集装箱

کانټېنر

纸板箱

کارتون

手推车

کارټ

篮子

ټوکرۍ

起飞/降落

الوتنه کول/کښېناستل

城市

ښار

村庄

کلی

市中心

د ښار مرکز

房子

کور

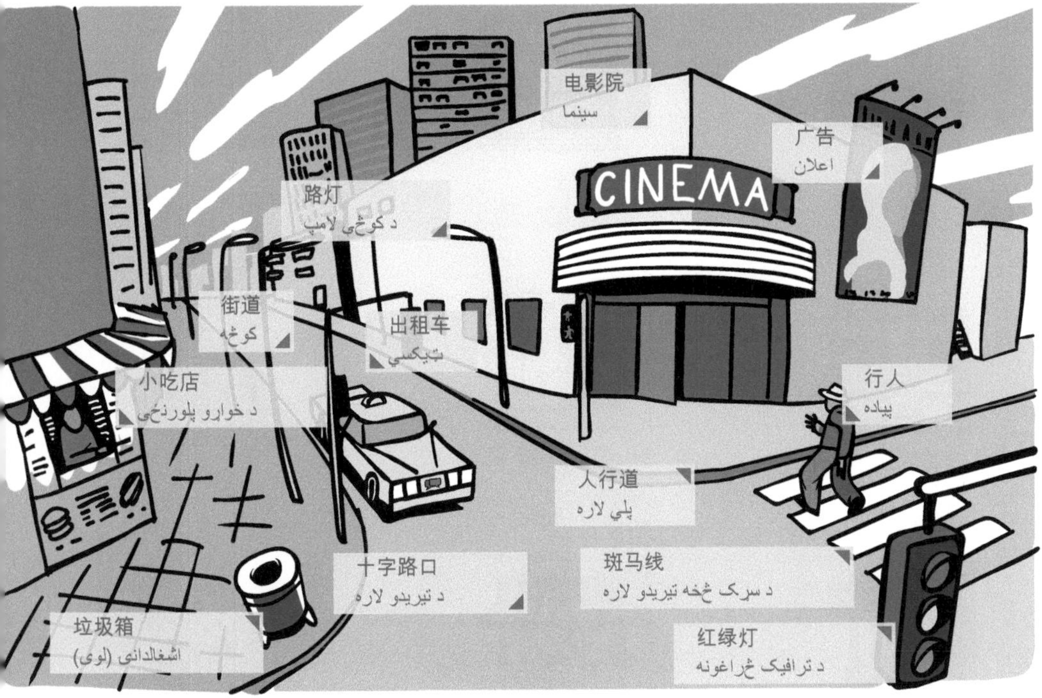
CINEMA
电影院
سينما
广告
اعلان
路灯
د کوڅې لامپ
街道
کوڅه
出租车
ټيکسي
小吃店
د خوارو پلورنځی
行人
پياده
人行道
پلي لاره
十字路口
د تيريدو لاره
斑马线
د سړک څخه تيريدو لاره
垃圾箱
اشغالدانی (لوی)
红绿灯
د ترافيک څراغونه

小屋

کوډله

公寓

اپارتمان

火车站

د ريل سټيشن

市政厅

ټاون هال

MUSEUM

博物馆

ميوزيم

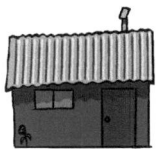

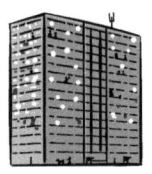

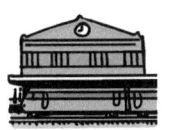

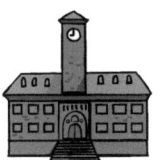

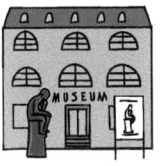

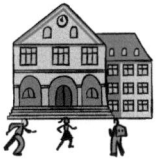

学校

ښوونځی

大学

پوهنتون

银行

بانک

医院

روغتون

酒店

هوټل

药房

درملتون

办公室

دفتر

书店

کتاب پلورنځی

商店

پلورنځی

花店

د ګلانو پلورنځی

超市

لوی پلورنځی

市场

مارکيټ

百货商店

د ډيپارټمنټ سټور

鱼店

کب پلورنځی

购物中心

د پلور مرکز

海港

لنګرتون

公园

پارک

长凳

بينچ

桥

پل

楼梯

زينه

地铁

د ځمكي لاندي

隧道

تونل

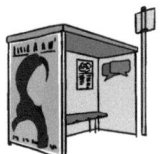

公交车站

بس تمځای

酒吧

بار

餐馆

ریستورانت

邮筒

پوست بکس

路标

د کوڅې نښه

停车计时器

د پارک کولو میټر

动物园

ژوبڼ

游泳馆

د لامبو حوض

清真寺

مسجد

农场

كرونده

污染

ناپاکي

墓地

هدیره

教堂

چرچ

操场

د لوبو ډګر

寺庙

معبد/کلیسا

地形
منظره

树叶
پاڼه

指示牌
د لارښوونی نښه

路
لاره

草地
چمن

石头
کاڼی

徒步旅行者
هیکر

树
ونه

河
سیند

草
واښه

花
ګل

峡谷

دره

山

غوندی

湖

ناور

森林

ځنګل

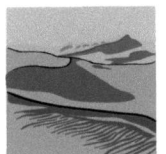

沙漠

دشته

火山

اورشيندی

城堡

کلا

彩虹

رنګین کمان

蘑菇

مرخيړي

棕榈树

پلم ونه

蚊子

ماشي

苍蝇

الوتل

蚂蚁

میږی

蜜蜂

مچی

蜘蛛

غونډل/جولا

甲虫

گونګټ

青蛙

چونګښه

松鼠

نولی

刺猬

زیږکی

野兔

سوی

猫头鹰

ګونګ

鸟

مرغۍ

天鹅

قازه

野猪

نرخوګ

鹿

هوسۍ

麋鹿

ګاوزه

水坝

بند

风力发电机

بادي توربین

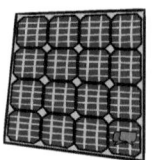

太阳能电池板

سولر تختې

气候

اقلیم

餐馆

ریسټورانټ

服务员
پیشخدمت
菜单
مینو
椅子
汤
سوپ
披萨饼
پیزا
ښاخې، چاقو، کاشوغه
桌布
د میز ټوټه

前菜

سټارټر

主菜

اصلي خواړه

甜点

شيرني

饮料

څښاک

食物

خواړه

瓶子

بوتل

快餐

فاسټ فوډ

街边小吃

د کوڅې خواړه

茶壶

چای جوش

糖盒

قندانی

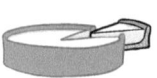

一份饭菜

برخه

意式咖啡机

اسپرسو مشین

高脚椅

لوړه چوکی

账单

رسید

托盘

مجمه

刀

چاکو

餐叉

پنجه

勺子

قاشق

茶匙

چای قاشق

餐巾

سورویټ

玻璃杯

ګلاس

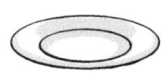

碟子

پلیټ

汤盘

د سوپ پلیټ

碟子

نالبکی

酱

ساس

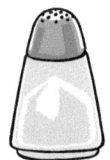

盐瓶

مالګه شیندونکی

胡椒磨

د مرچ ټکولو لوخی

醋

سرکه

食用油

غوړي

调味料

مساله

番茄酱

کچ اپ

芥末

شرشم

蛋黄酱

چکه

超市

لوی پلورنځی

特价
ځانګړی وړاندیز
顾客
پیرودونکی
乳制品
لبنیات
水果
میوه
购物车
لاسي ګرځ

肉铺

قصابي

面包房

نانوایی

称重

وزن کول

蔬菜

سبزیجات

肉

غوښه

冷冻食品

کنګل خواره

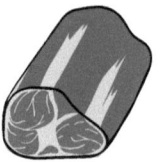

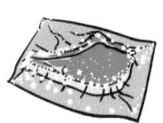

冷盘

يخه غوښه

罐头食品

كنسروا خواړه

洗衣粉

د مينځلو پوډر

甜食

شيريني

日用品

كورني توليدات

清洁用品

د پاكولو محصولات

销售员

د پلور فرد

收银机

د نغدي راجستر

收银员

صراف

购物清单

د پيرود ليست

开放时间

كاري ساعتونه

钱包

بټوه

信用卡

كريډيټ كارت

袋子

کڅوړه

塑料袋

پلاستيک کڅوړه

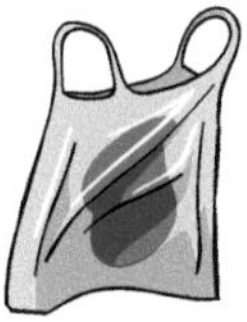

饮料
څښاک

水

اوبه

果汁

جوس

牛奶

شيده

可乐

کوک

红酒

واين

啤酒

بير

酒

الکول

可可

ککاو

茶

چای

咖啡

کافي

意式浓缩咖啡

اسپرسو

卡布奇诺

کپچينو

香蕉

كيله

苹果

مڼه

橙子

نارنج

西瓜

هندواڼه

柠檬

ليمو

胡萝卜

گازره

大蒜

هوږه

竹子

بانكس

洋葱

پیاز

蘑菇

مرخيړي

坚果

چغزی

面条

آش

意大利面条

سپيګټي

米饭

وريجي

沙拉

سلاد

薯条

چپس

炸土豆

سره کړي کچالو

披萨饼

پيزا

汉堡包

همبرګر

三明治

سانډويچ

炸猪排

کټره

火腿

د پتون غوښه

萨拉米

سلمي

香肠

ساسچ

鸡肉

چرګ

烤肉

روسټ

鱼

کب

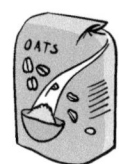

燕麦片
د وربشي شيرني

穆兹利
موسلي

玉米片
د جوار پلی

面粉
اوړه

羊角面包
كروسانت

面包卷
د ډوډی رول

面包
ډوډی

烤面包
ټوسټ

饼干
بسکيټ

黄油
کوچ

凝乳
چکه

蛋糕
کیک

蛋
هګی

煎蛋
پښې هګی

奶酪
پنير

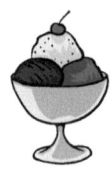

冰激凌

آیس کریم

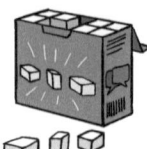

糖

بوره

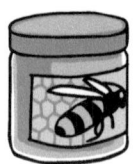

蜂蜜

شهد

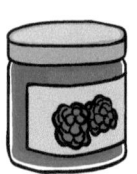

果酱

مربا

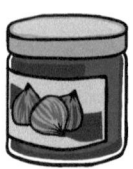

巧克力酱

نوګاټ کریم

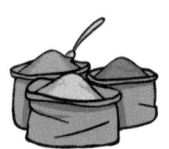

咖喱饭

کورکمان

کرونده

农舍
د کروندې خونه
稻草捆
د بوسو ګیډۍ
粮仓
غوجل
田野
马
اس
拖车
لاس ګاډی
拖拉机
马驹
کوچنی اس
驴
خر
羊
پسه
羔羊

山羊

وزه

奶牛

غوا

牛犊

خوسکی

猪

خوګ

小猪

د خوګ بچی

公牛

غویی

鹅

بته

鸭

هیلۍ

小鸡

چرګوړی

母鸡

چرګه

公鸡

بانګي

鼠

سارای موږک

猫

پیشک

老鼠

موږک

牛

غویی

狗

سپی

狗屋

د سپي خونه

花园浇水软管

د باغ هوز

洒水壶

د اوبو لوخی

长柄大镰刀

لور (داس)

犁

یوی

镰刀

لور

锄头

رمبی

长柄草耙

ښاخی

斧头

تبر

独轮手推车

کراچۍ

饲料槽

ناوه

牛奶罐

د شیدو لوخی

麻布袋

جوال

栅栏

کټاره

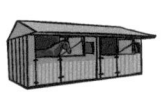

马厩

مضبوط

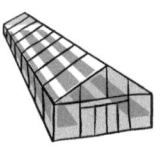

温室

شنه خونه

土壤

خاوره

种子

تخم

肥料

سره/کود

联合收割机

ګډ ریبونکی ماشین

收割

زیرمه کول

收割

درمند

山药

خواږه کچالو

小麦

غنم

大豆

سویا

土豆

کچالو

玉米

جوار

油菜籽

نباتي تخم

果树

د میوې ونه

树薯

مانیوک

谷物

غله

房子
کور

烟囱
屋顶
بام
落水管
ناودان
窗户
车库
门铃
د دروازې زنګ
门
دروازه
垃圾桶
اشغالدانی
信箱
د لیک بکس
花园
باغ

客厅
د اوسیدو خونه

浴室
حمام

厨房
پخلنځی

卧室
د ویده کیدو خونه

儿童房
د ماشوم خونه

餐厅
د خوړو خونه

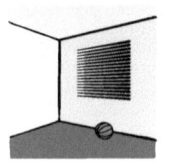

地板

فرش

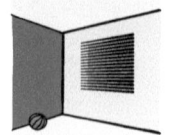

墙壁

دیوال

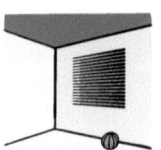

吊顶

چت

地窖

زیرخانه

桑拿

سونا

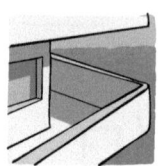

阳台

بالكوني

露台

تېراس

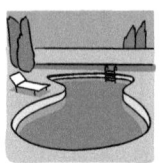

游泳池

حوض

割草机

د چمن وهلو ماشین

被单

شیټ

床罩

روجایی

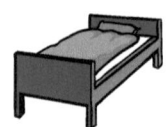

床

تخت

扫帚

جارو

水桶

بوکه

开关

سویچ

客厅
د اوسيدو خونه

壁纸
والپيپر
照片
عکس
台灯
لامپ
搁架
شيلف
橱柜
الماری
电视机
تلويزيون
壁炉
نغرى
花
垫子
بالښت
沙发
صوفه
花瓶
ګلدانی
遥控器

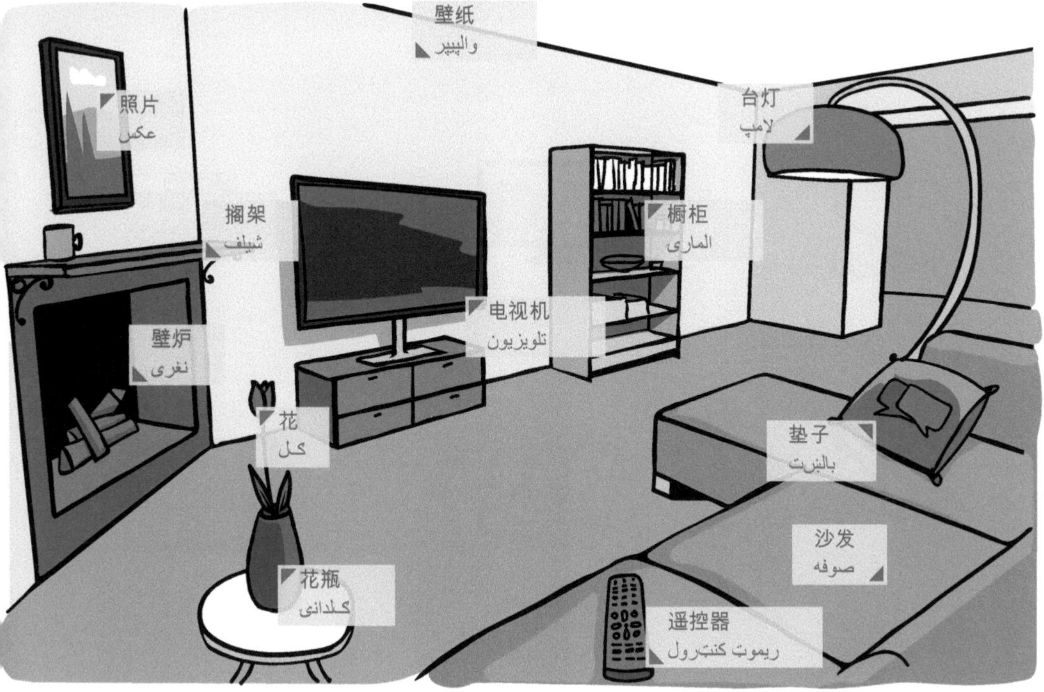

地毯

غالی

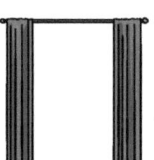

窗帘

پرده

餐桌

ميز

椅子

چوکۍ

摇椅

تاويدونکي چوکۍ

扶手椅

بازو لرونکی چوکۍ

书

كتاب

毯子

كمپل

装饰品

ډيكوريشن

木柴

د اور لرګي

电影

فلم

高保真音响

هايفاى

钥匙

كلي

报纸

ورځپاڼه

油画

نقاشي

海报

پوسټر

收音机

راډيو

笔记本

كتابچه

吸尘器

واكيوم جارو

仙人掌

كاكتوس

蜡烛

شمع

厨房
پخلنځی

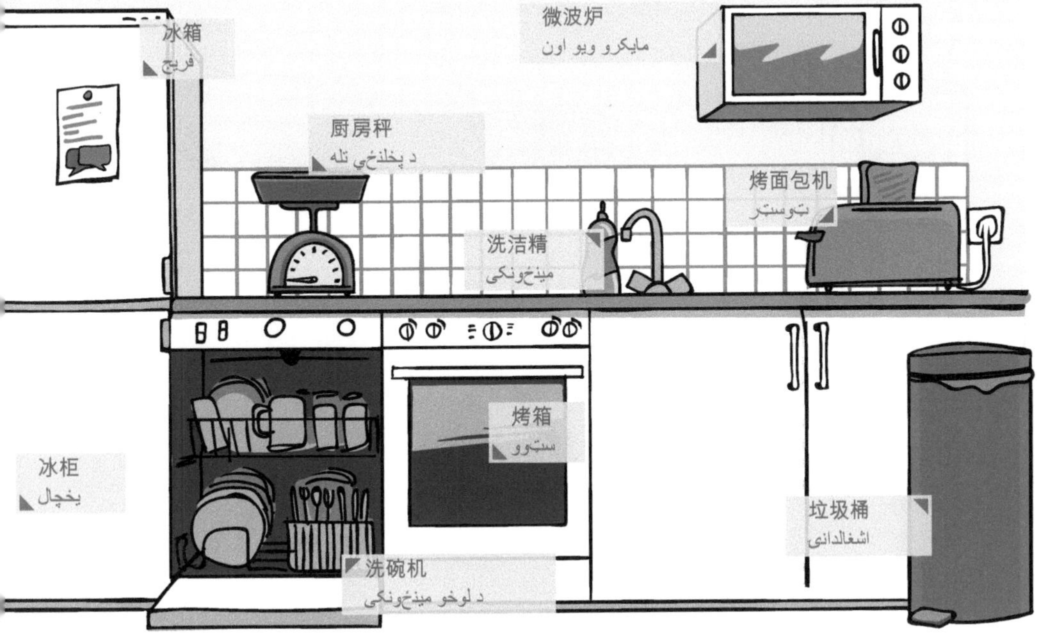

冰箱
فریج
微波炉
مایکرو ویو اون
厨房秤
د پخلنځي تله
烤面包机
توستر
洗洁精
مینځونکی
烤箱
ستوو
冰柜
یخچال
垃圾桶
اشغالدانی
洗碗机
د لوخو مینځونکی

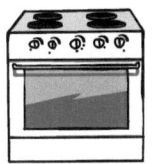

炊具
دیگ بخار

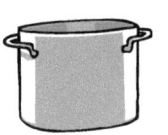

锅
لوخی

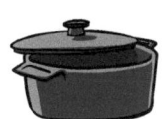

铸铁锅
چدني لوخی

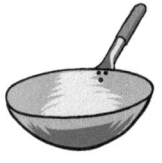

炒锅
ووک

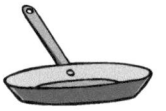

平底锅
د تلي په

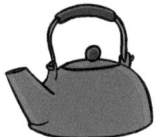

水壶
چای جوش

蒸锅

د بخار دیګ

烤盘

پتنوس

陶瓷锅

لوخي

马克杯

مګ

碗

کاسه

筷子

د رانيولو اوزار

长柄勺

څمڅۍ

铲子

کفګير

搅拌器

پاکونکی

滤网

صافي

筛子

غلبيل

磨碎机

ګريټر

研钵

اونګ

烧烤

بار بي کيو

明火

خلاص اور

菜板

تخته

擀面杖

هوارونکی

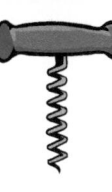

开瓶器

کارک سکریو

罐子

ټیم

开罐器

د ټیم خلاصونکی

隔热手套

د لوخي ټوټه

水槽

ظرف شوی

刷子

برس

海绵

سپنج

搅拌机

بلینډر

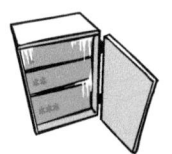

冷藏箱

ژور یخچال

奶瓶

د ماشوم بوتل

水龙头

نل

供暖设备
تودول

毛巾
جان پاک

淋浴
شاور

浴帘
د شاور پرده

泡沫浴
بېل حمام

浴缸
د حمام نتب

玻璃杯
ګلاس

洗衣机
د مینځلو مشین

瓷砖
تبایلونه

水龙头
نل

便壶
يو ډول کمود

水槽
ظرف شوی

厕所
تشناب

蹲便器
فرشي کمود

坐浴器
کمود

小便池
د متيازو ځای

厕纸
تشناب کاغذ

马桶刷
د تشناب برس

牙刷

د غاښونو برس

牙膏

د غاښونو کریم

牙线

د غاښونو نخ

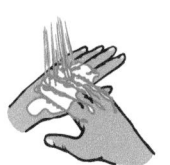

洗

مینځل

手持式喷淋头

لاسي شاور

冲洗器

دوش

洗脸盆

خانک

擦背刷

د شا برس

肥皂

صابون

沐浴露

د شاور ژل

洗发水

شامپو

法兰绒

فلانل جامه

排水

وچول

乳霜

کریم

除臭剂

سپری

镜子

آینه

手镜

لاسي آینه

剃须刀

ریزر

剃须泡沫

د خریلو فوم

须后水

د خریلو وروسته

梳子

ګمنځ

刷子

برس

吹风机

د ویښتانو وچونکی

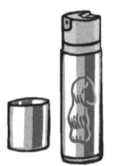

喷发定型剂

د ویښتانو سپری

化妆品

میک اپ

唇膏

لیپ سټیک

指甲油

د نوکانو پالش

化妆棉

کاټن وری

指甲剪

ناخن ګیر

香水

عطر

洗漱包

د مینځلو کڅوړه

凳子

سټول

计重秤

د وزن کولو تله

浴袍

د حمام پوښاک

橡胶手套

د ربړ دستکش

卫生棉条

ټامپون

卫生巾

صحیی جان پاک

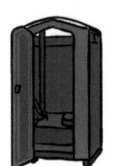

化学厕所

کیمیکل تشناب

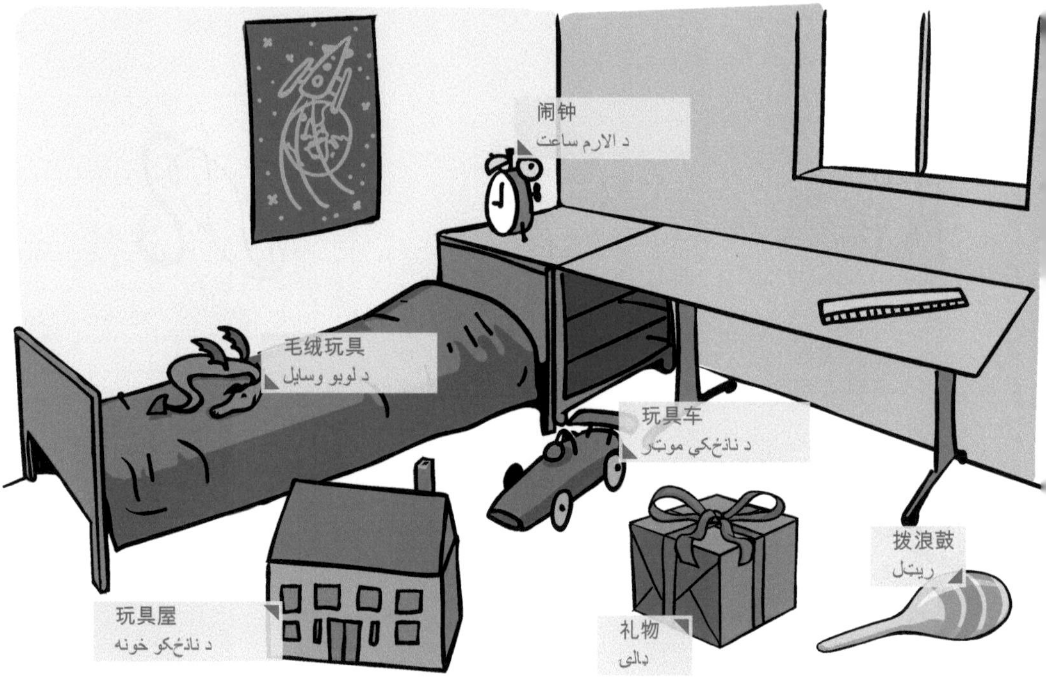

儿童房

د ماشوم خونه

د الارم ساعت
毛绒玩具
د لوبو وسایل
玩具车
د نانځکي موټر
玩具屋
礼物
ډالۍ
拨浪鼓

气球

بالون

床

تخت

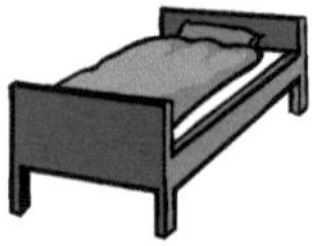

（洋娃娃用）婴儿车

کالسکه

扑克牌

د لوبو ورقې

拼图

جيګسا

漫画

مسخره

乐高积木

لیګو بریک

积木玩具

د نانځکو بلاک

玩具人

د اکشن فیګور

婴儿服

د ماشوم پوښاک

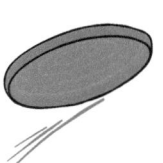

飞盘

فریزبي

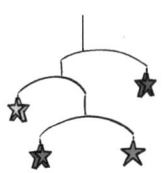

床铃玩具

موبایل

棋盘游戏

بورډ لوبه

骰子

تاس

火车模型

مادل ریل سیټ

安抚奶嘴

ګونګشی

聚会

پارټي

绘本

د عکسونو البوم

球

بال

洋娃娃

نانځکه

玩

لوبیدل

沙坑

د شګو کنده

秋千

سوینګ

玩具

نانځکي

游戏机

د ویډیو لوبو کنسول

三轮车

ټرای سایکل

泰迪熊

ګوډکه

衣柜

د کالو الماری

衣服

پوښاک

袜子

جرابي

长袜

لوړي جرابي

紧身裤

ټایټس

围巾
زروکی

雨伞
چترۍ

T恤
ټي شرت

皮带
کمربند

靴子
بوټان

拖鞋
سلیپر

运动鞋
سنیکر

凉鞋
سیندل

鞋
بوټان

雨靴
د ریر بوټان

内裤
زیرنیکري

胸罩
سینه بند

背心
واسکټ

身体

بادي

裤子

پتلون

牛仔裤

جينز

短裙

لمن

女式衬衫

بلاوز

衬衫

شرټ

套头衫

بنيان

卫衣

سويټر

西装夹克

بليزر

夹克

جاکټ

外套

کوټ

雨衣

د باران کوټ

套装

پوښاک

连衣裙

کالي

婚纱

د واده پوښاک

西装

دريشي

睡袍

د شپې پوښاک

睡衣

پاجامه

莎丽

ساړي

头巾

لوپټه

包头巾

پټکی

波卡

برقه

卡夫坦

كفتن

(阿拉伯式)长袍长袍

عبا

泳衣

د لامبو پوښاک

男式泳裤

نيکر

短裤

شارټ

运动服

د ځغاستې پوښاک

围裙

پيش بند

手套

دستکش

纽扣

بټن

眼镜

عینک

手链

لاس بند

项链

غاړه کۍ

戒指

ګوتمه

耳环

غوږوالۍ

便帽

خولۍ

衣架

کوټ بند

帽子

خولۍ

领带

ټایی

拉链

ځنځیر

头盔

هیلمیټ

背带

تړونکی

校服

د ښوونځي یونیفارم

制服

یونیفارم

围兜

بيب

安抚奶嘴

ګونګشی

尿不湿

نيپي

办公室

دفتر

服务器
سرور
文件柜
د دوسيه الماری
打印机
پرينټر
纸
ورق
显示屏
مانیټور
鼠标
ماوس
ډيسک
文件夹
فولډر
键盘
کي بورډ
اشغالدانی
电脑
کمپيوټر
椅子

咖啡杯

د کافي پیاله

计算器

کالکولیټر

因特网

انټرنیټ

笔记本电脑

لپ ټاپ

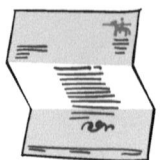

信件

لیک

消息

پیغام

手机

موبایل

网络

نیټورک

复印机

فوټوکاپیر

软件

سافټویر

电话

تلیفون

插座

پلک ساکټ

传真机

فکس مشین

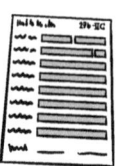

表格

فارم

文件

سند

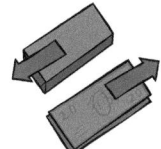

买
....
پېرل

付钱
....
تادیه کول

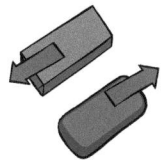

交易
....
سوداگري کول

现金
....
پیسي

美元
....
ډالر

欧元
....
یورو

日元
....
ین

卢布
....
ربل

瑞士法郎
....
سویسي فرانک

人民币
....
رینمینبي یوان

卢比
....
روپۍ

提款处
....
د نغدي پیسو ځای

外币兑换处

د اسعارو د تبادلې دفتر

金

سره زر

银

سپین زر

石油

تیل

能源

انرژي

价格

نرخ

合同

قرارداد

税金

مالیه

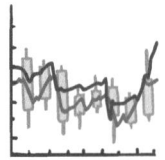

股票

اسهام

工作

کار کول

职员

کارمند

老板

کار ګومارونکی

工厂

فابریکه

商店

پلورنځی

职业

مسلکونه

警官
د پولیسو افسر
消防员
د اطفایه غړی
厨师
آشپز
医生
飞行员

园丁

باغوان

木匠

نجار

裁缝

خیاط

法官

قاضي

化学家

کیمیا پوه

演员

د فلم لوبغاړی

公交车司机

د بس ډرایور

出租车司机

د ټیکسي ډرایور

渔夫

کب نیونکی

清洁女工

خدمه

屋顶工

بام جوړونکی

服务员

پیشخدمت

猎人

ښکاري

画家

نقاش

面包师

نانوا

电工

د برښنا کارکونکی

建筑工人

تعمیر جوړونکی

工程师

انجنیر

屠夫

قصاب

水管工

نلدوان

邮递员

پوست رسونکی

士兵

سرتيری

建筑师

مهندس

收银员

صراف

花农

ماليار

理发师

نايی

售票员

کلینډر

机械师

ميکانيک

船长

کپتان

牙医

د غاښونو ډاکټر

科学家

ساينس پوه

拉比

ښاغلی

伊玛目

امام

和尚

مذهبي نفر

牧师

پادري

工具

لوازم

铁锤
څټکی
螺丝刀
پیچکش
钳子
پلاس
扳手
رینچ
手电筒
څراغ

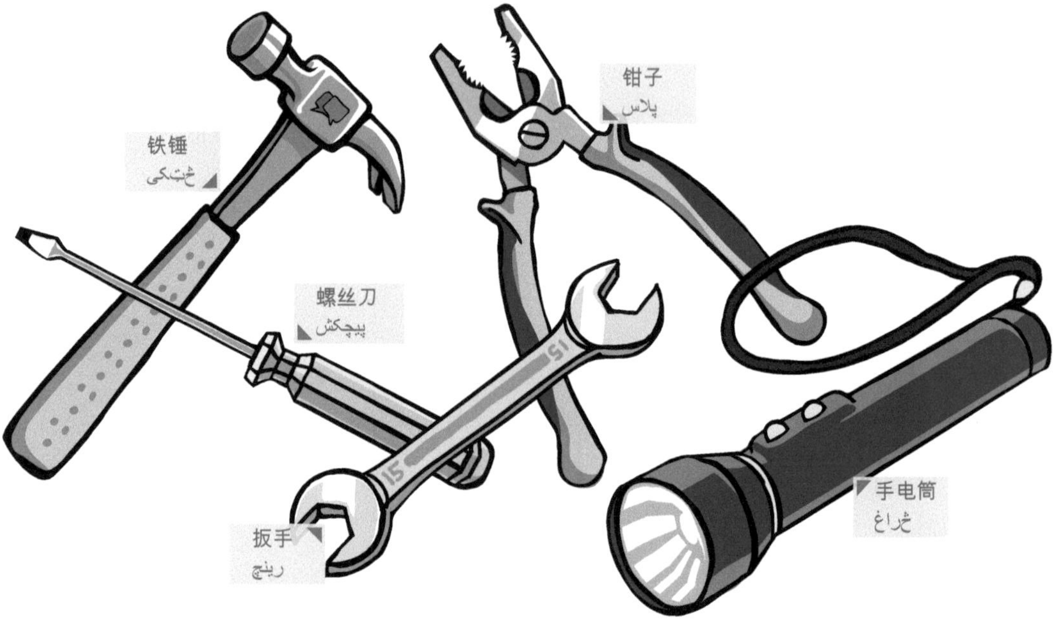

挖掘机

کنستونکی

工具箱

د لوازمو بکس

梯子

زینه

锯子

اره

钉子

میخونه

钻机

برمه

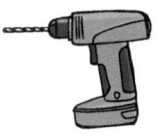

修

ترمیم کول

铲子

بیل

靠！

لعنت!

簸箕

خاک انداز

油漆桶

مشوانی

螺丝

پیچونه

乐器

د میوزیک آلات

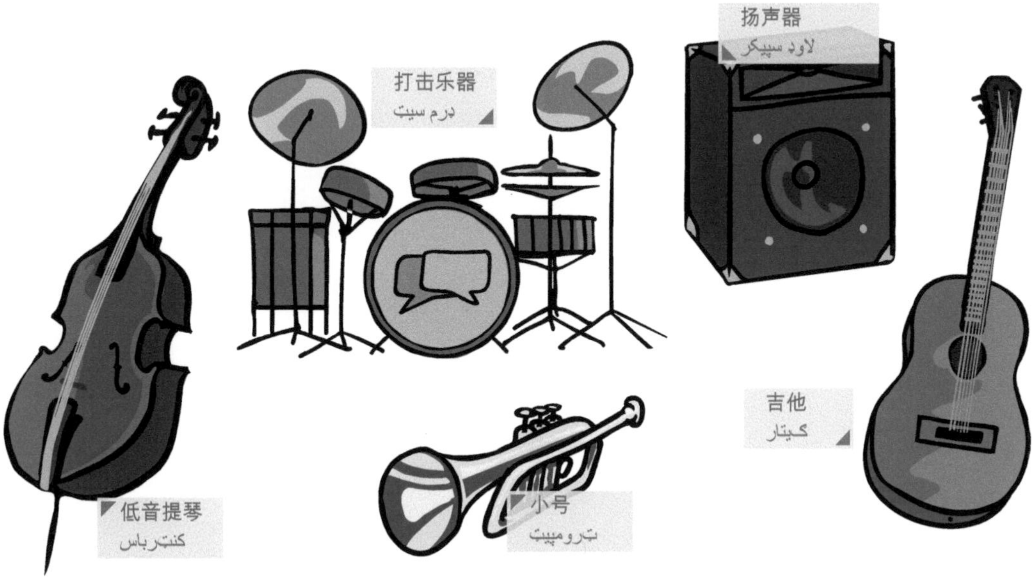

打击乐器
ډرم سیټ

扬声器
لاود سپیکر

吉他
ګیتار

低音提琴
کنترباس

小号
ټرومپیټ

钢琴

پیانو

小提琴

وایلن

贝斯

باس

定音鼓

نغاره

鼓

ډرمونه

电子琴

کي بورډ

萨克斯管

سیکسافون

长笛

شپیلۍ

麦克风

مایکروفون

动物园

ژوبڼ

入口
ننوتو لاره
老虎
笼子
پنجره
斑马
ګوره خر
د ژويو خواړه
熊猫

动物

ژوی

大象

هاتي

袋鼠

کنګرو

犀牛

د اوبو اسپ

大猩猩

ګوریلا

熊

ایږه

骆驼

اوښ

鸵鸟

شترمرغ

狮子

زمری

猴子

بیزو

火烈鸟

غزی

鹦鹉

طوطي

北极熊

قطبي ايږه

企鹅

پینګوین

鲨鱼

شارک

孔雀

طاوس

蛇

مار

鳄鱼

تمساح

动物园管理员

ژوبڼ ساتونکی

海豹

سیل

美洲豹

جګوار

矮种马

یابو

豹

پڕانگ

河马

هیپو

长颈鹿

زرافه

老鹰

باز

野猪

نرخوگ

鱼

کب

龟

شمشتی

海象

سمندري نولی

狐狸

گیدڕه

羚羊

هوسی

橄榄球
امریکایی فټبال
骑自行车
سایکل ځغلول
网球
篮球
باسکیټبال
游泳
لامبو
拳击
باکسینګ
冰球
د کنګل هاکي

英式足球

فټبال

羽毛球

کسیزه

田径

د ځغاستي لوبي

手球

د هندبال

滑雪

سکي

马球

پولو

活动

فعاليتونه

跳
ټوپ وهل
拥抱
غاړه ورکول
笑
خندل
走路
唱
سندرې ويل
做梦
خوب ليدل
祈祷
عبادت کول
亲吻
مچو کول

书写

ليکل

画

کښل

展示

ښودل

推

ټېله کول

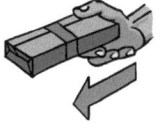

给

ورکول

拿

اخيستل

有

درلودل

做

کول

当

پایيدل

站

ودریدل

跑

منډې وهل

拉

راکښل

扔

گوزارل

摔倒

لويدل

躺

څملاستل

等待

انتظار کول

携带

وړل

坐

کښيناستل

穿衣

پوښاک اغوستل

睡觉

ويده کيدل

醒来

پاڅيدل

看

کتل

哭

ژړل

抚摸

برید کول

梳头

ګمنځ کول

交谈

خبرې کول

明白

پوهیدل

问

غوښتل

听

اوریدل

喝

څښل

吃

خوړل

清理

پاکول

爱

مینه کول

做饭

پخلی کول

开车

موټر چلول

飞

الوتل

航行

بيړۍ چلول

计算

حساب

读

لوستل

学习

زده کول

工作

کار کول

结婚

واده کول

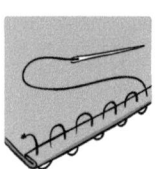

缝

گنډل

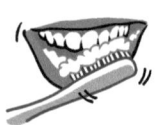

刷牙

د غاښونو برس کول

杀

وژل

抽烟

سګرټ څښل

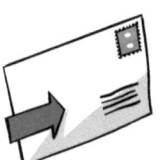

寄

لیږل

家

کورنۍ

祖母
نیا
祖父
نیکه
父亲
پلار
母亲
مور
婴童
ماشوم
女儿
لور
儿子
زوی

客人

میلمه

阿姨

ترور

叔叔

کاکا/ماما

兄弟

ورور

姐妹

خور

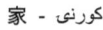

身体

بدن

前额
تندی
眼睛
سترګې
脸
مخ
下巴
زنه
乳房
سینه
手指
ګوته
手
لاس
手臂
مټ
肩膀
اوږه
腿
پښه

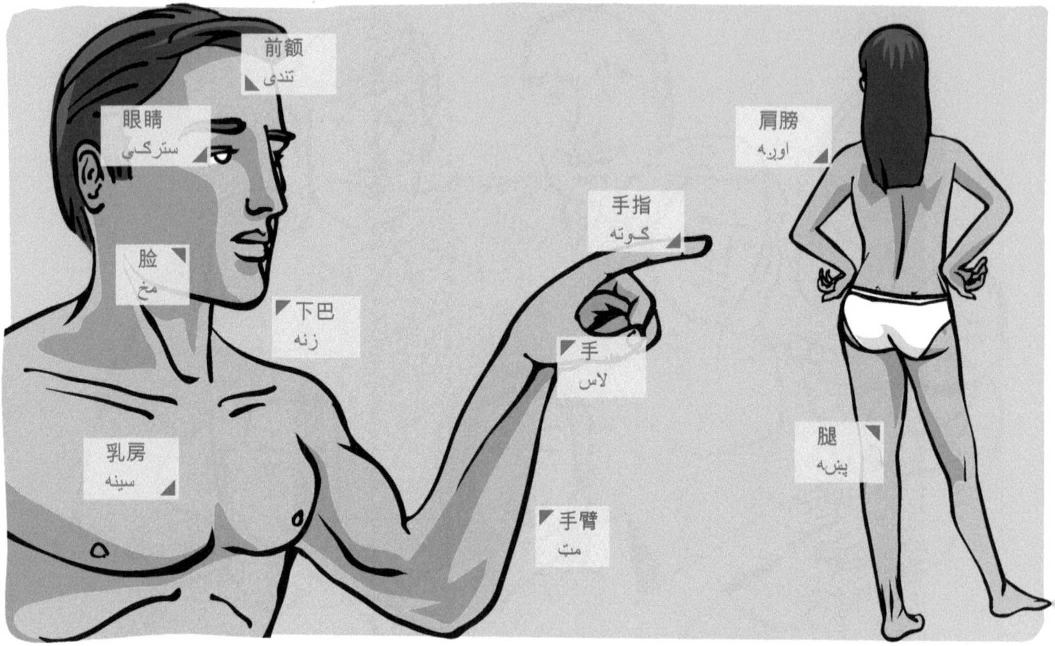

婴童

ماشوم

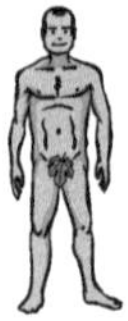

男人

سړی

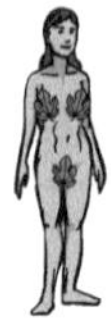

女人

ښځه

女孩

انجلۍ

男孩

هلک

头

سر

背部

شا

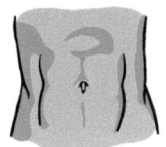

肚子

خېټه

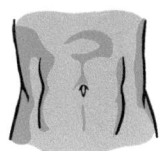

肚脐

نوم

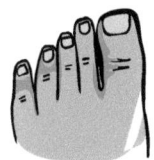

脚趾

د پښې ګوته

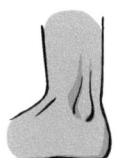

脚后跟

پونده

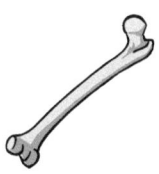

骨头

هډوکی

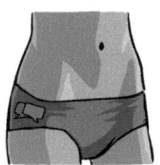

臀部

کوناټی

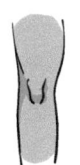

膝盖

زنګون

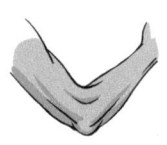

手肘

څنګل

鼻子

پوزه

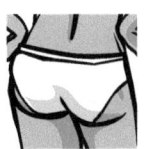

屁股

لاندې برخه

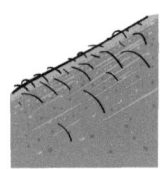

皮肤

پوټکی

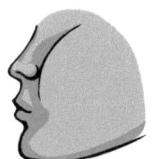

脸颊

غومبوری

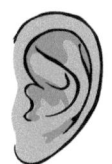

耳朵

غوږ

嘴唇

شونډه

嘴

خوله

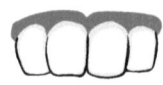

牙齿

غاښ

舌头

ژبه

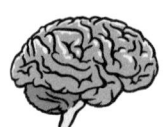

脑

مغز

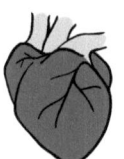

心脏

زړه

肌肉

عضله

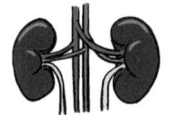

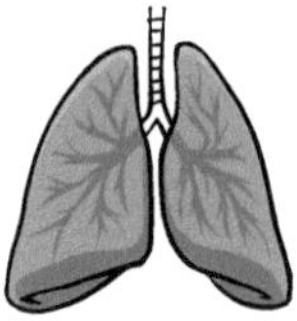

肺

سږی

肝脏

ځیګر

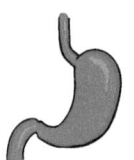

胃

معده

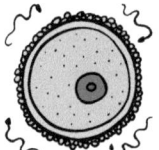

肾脏

پښتورګي

性交

جنسي نږدې والی

避孕套

کاندوم

卵子

تخمه

精子

مني

怀孕

حمل

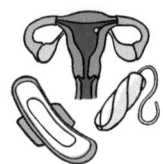

月经

حيض

阴道

مهبل

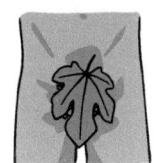

阴茎

د نارينه تناسلي آله

眉毛

وروځی

头发

ویښته

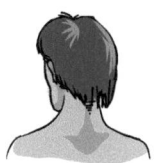

脖子

غاړه

身体 - بدن

医院
روغتون

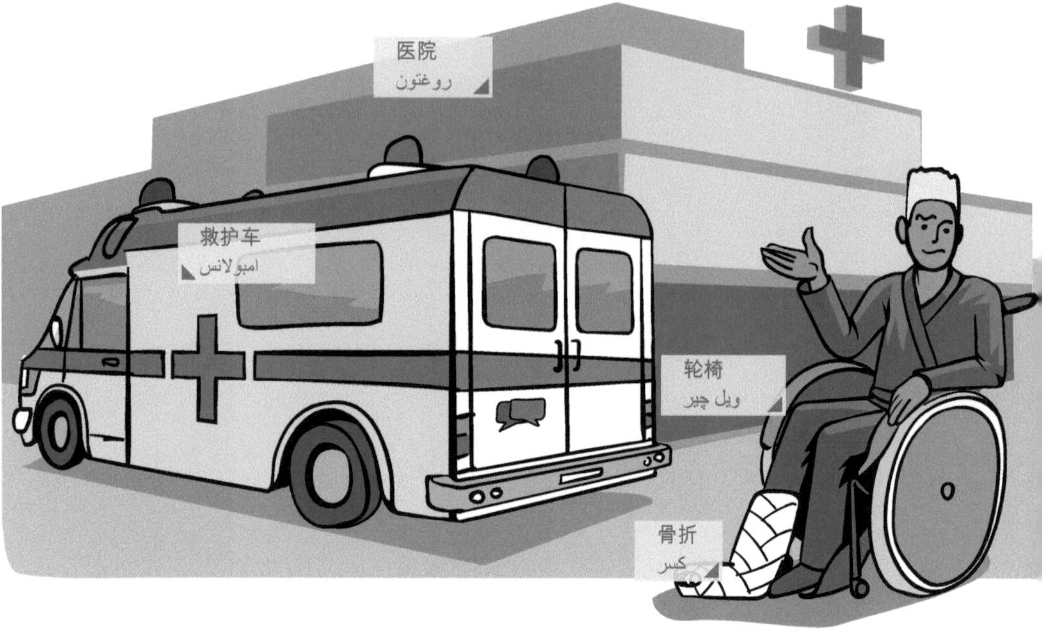

医院
روغتون
救护车
امبولانس
轮椅
ویل چیر
骨折
کسر

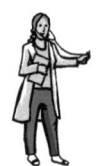

医生

داکتر

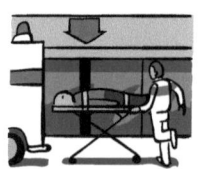

急诊室

عاجل خونه

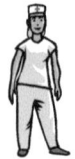

护士

رنځورپال

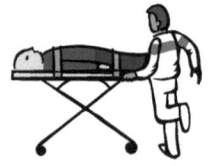

紧急情况

عاجل

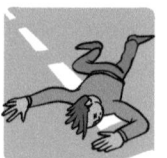

昏迷

بې هوش

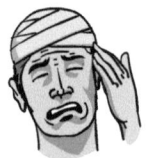

痛

درد

受伤

ټپ

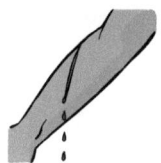

出血

وينه تويدل

心脏病发作

د زړه حمله

中风

ضرب

过敏

حساسيت

咳嗽

ټوخی

发烧

تبه

流感

انفلوینزا

腹泻

نس ناستی

头痛

سر درد

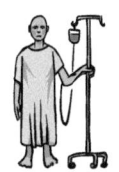

癌症

سرطان

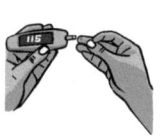

糖尿病

شکر

外科医生

جراح

手术刀

سکالپل

手术

عملیات

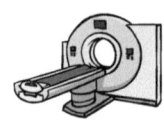

CT

سي.ټي

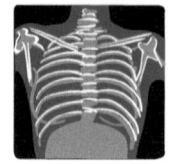

X光

ایکس رې

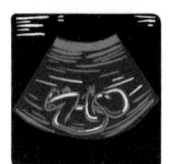

超声波

الټراساونډ

口罩

د مخ ماسک

疾病

ناروغي

候诊室

انتظار خونه

拐杖

امسا

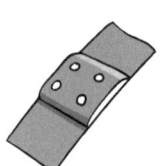

石膏

پلستر

绷带

بنداژ

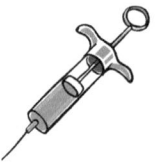

注射

تزریق

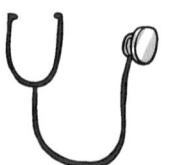

听诊器

ستاتسکوپ

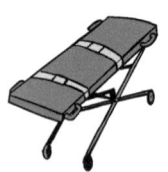

担架

تسکیره

体温计

کلینکي ترمامیټر

出生

زیږون

超重

زیات وزن

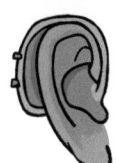

助听器

د اوریدو مرسته

消毒液

د عفونیت ځخه پاکونکي مواد

感染

عفونیت

病毒

ویروس

艾滋病

ایچ.آی.وي/ایدز

药物

درمل

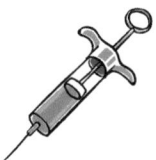

接种疫苗

واکسین

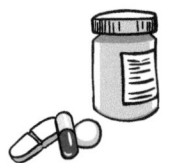

药片

ټابلیټس

药丸

ګولی

急救电话

عاجل تلیفون

血压计

د ویني د فشار ځارونکی

生病/健康

ناروغ/روغ

紧急情况
عاجل

救命！

مرسته!

警报

الارم

突击

يرغل

攻击

برید

危险

خطر

紧急出口

عاجل لاره

着火啦！

اور!

灭火器

د اور وژونکی

意外

پیښه

急救箱

د لومړی مرستي لوازم

呼救信号

ایس.او.ایس

警察

پولیس

地球
ځمکه

欧洲

اروپا

北美洲

شمالي امریکا

南美洲

سهيلي امريکا

非洲

افریقا

亚洲

آسيا

澳洲

آستـرېليا

大西洋

اتلانتیک

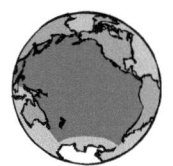

太平洋

پاسيفيک

印度洋

د هند بحر

南冰洋

جنوبي منجمد بحر

北冰洋

د شمال قطب بحر

北极

شمالي قطب

南极

سهيلي قطب

南极洲

انټارکټيکا

地球

ځمکه

陆地

ځمکه

海

بحر

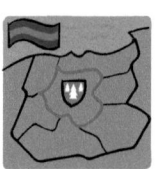

岛

ټاپو

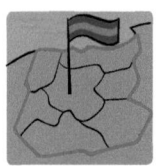

国家

ملت

国家

دولت

钟表
ساعت

钟面
د مخي ساعت

时针
د ساعت ستنه

分针
د دقيقي ستنه

秒针
د ثانيې ستنه

现在几点？
څه وخت دی؟

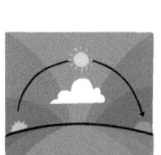

天
ورځ

时间
وخت

现在
اوس

电子表
ډيجيټل ساعت

分
دقيقه

时
ساعت

周一 دوشنبه
周三 چهارشنبه
周五 جمعه
周二 سه شنبه
周四 پنجشنبه
周六 شنبه
周日 یکشنبه

昨天
پرون

今天
نن

明天
سبا

早晨
سهار

中午
غرمه

晚上
ماښام

MO	TU	WE	TH	FR	SA	SU
1	2	3	4	5	6	7
8	9	10	11	12	13	14
15	16	17	18	19	20	21
22	23	24	25	26	27	28
29	30	31	1	2	3	4

工作日
کاري ورځي

MO	TU	WE	TH	FR	SA	SU
1	2	3	4	5	6	7
8	9	10	11	12	13	14
15	16	17	18	19	20	21
22	23	24	25	26	27	28
29	30	31	1	2	3	4

周末
د اونۍ پای

年
کال

雨
باران
彩虹
رنګین کمان
风
باد
雪
واوره
春
پسرلی
夏
اوړی
秋
منی
冬
ژمی

天气预报

د موسم وړاندوینه

温度计

ترمومیټر

阳光

د لمر وړانګي

云

وریځ

雾

لړه

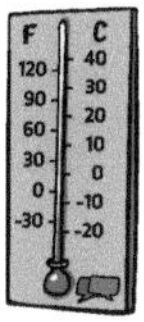

潮湿

رطوبت

闪电

رڼا

打雷

تندر

风暴

توفان

冰雹

ږلۍ وريدل

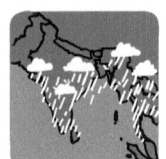

季风

مون سون باران

洪水

سيلاب

冰

يخ

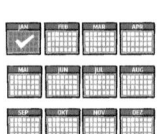

一月

جنوري

二月

فبروري

三月

مارچ

四月

اپرېل

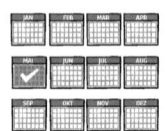

五月

مۍ

六月

جون

七月

جولای

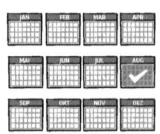

八月

اګست

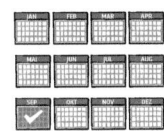

九月

سپتمبر

十月

اکتوبر

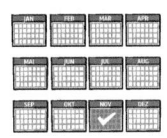

十一月

نومبر

十二月

دسمبر

形状
شکلونه

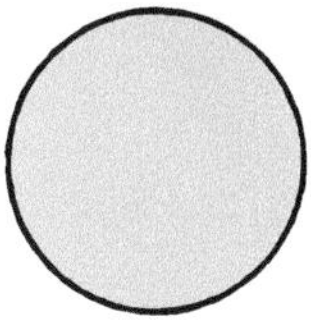

圆形

دایره

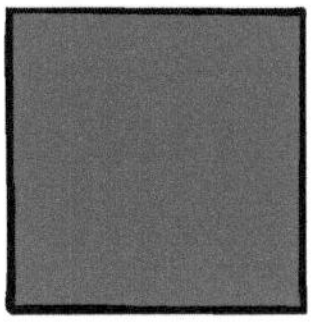

正方形

مربع

长方形

مستطیل

三角形

مثلث

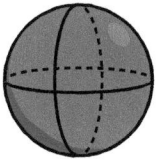

球体

توپ

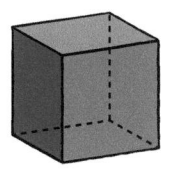

立方体

فال

颜色
رنګونه

白

سپين

黄

ژير

橙

نارنجي

粉

ګلابي

红

سور

紫

ارغواني

蓝

نيلي

绿

شين

棕

نسواري

灰

خړ

黑

تور

反义词

متضاد

很多/少许

خورا ډیر/خورا لږ

生气/平静

قار/ارام

美/丑

ښکلی/بدشکله

首/尾

پیل/پای

大/小

لوی/کوچنی

明/暗

روښانه/تیاره

兄弟/姐妹

ورور/خور

干净/肮脏

پاک/ککړ

完整/缺失

مکمل/نامکمل

白天/晚上

ورځ/شپه

死/生

مړ/ژوندی

宽/窄

پراخه/نری

可食用/非食用

د خوراک وړ/نه خوړل کیدونکی

邪恶/善良

بد/مهربان

兴奋/无聊

پاریدلی/بې خونده

胖/瘦

چاق/وچ

第一/最后

لومړی/وروستی

朋友/敌人

ملګری/دښمن

满/空

ډک/تش

硬/软

سخت/نرم

重/轻

دروند/سپک

饿/渴

لوږه/تنده

生病/健康

ناروغ/روغ

非法/合法

غیرقانوني/قانوني

聪明/愚笨

هوښیار/ساده

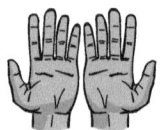

左/右

کيڼ/ښي

近/远

نږدې/لرې

新/旧

نوی/زوړ

没有/有些

هيڅ/يو څه

老/幼

بوډا/ځوان

开/关

چالان/بند

打开/合上

خلاصول/تړلی

安静/吵闹

غلي/لوړ غږ

富/穷

بډايه/غريب

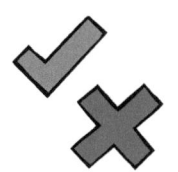

对/错

صحيح/غلط

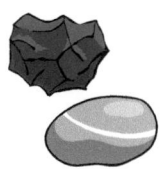

粗糙/光滑

زيږ/ملايم

伤心/高兴

خفه/خوښ

短/长

لنډ/اوږد

慢/快

سست/ګړندی

湿/干

لوند/وچ

温暖/凉爽

ګرم/يخ

战争/和平

جګړه/سوله

数字

شميرې

0

零

صفر

1

一

يو

2

二

دوه

3

三

درې

4

四

څلور

5

五

پنځه

6

六

شپږ

7

七

اوه

8

八

اته

9

九

نهه

10

十

لس

11

十一

يولس

12
十二
....
دولس

13
十三
....
ديارلس

14
十四
....
څوارلس

15
十五
....
پنځلس

16
十六
....
شپارس

17
十七
....
وولس

18
十八
....
اتلس

19
十九
....
نولس

20
二十
....
شل

100
百
....
سل

1.000
千
....
زر

1.000.000
百万
....
ميليون

英语

انکـلسي

美式英语

امريکايی انکـلسي

普通话

چينايی مندرين

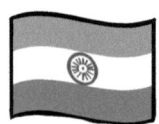

印地语

هندي

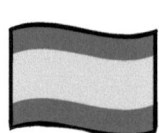

西班牙语

هسپانوي

法语

فرانسوي

阿拉伯语

عربي

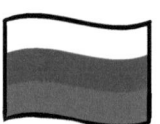

俄语

روسي

葡萄牙语

پرتکـالي

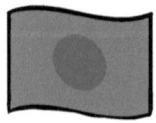

孟加拉语

بنکـالي

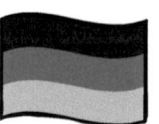

德语

آلماني

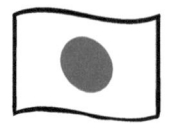

日语

جاپاني

谁/什么/怎样

څوک/څه/څنګه

我

زه

你

ته

他/她/它

هغه/دغه/دا

我们

موږ

你们

تاسي

他们

دوی/هغوی

谁？

څوک؟

什么？

څه؟

怎样？

څنګه؟

哪里？

چیری؟

什么时候？

کله؟

名字

نوم

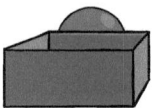

方位

چيرې

后面

شاته

里面

په

前面

په مخه کې

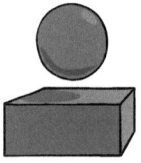

上方

باندې

上面

په

下面

لاندې

旁边

برسيره پر

中间

ترمينځ

地点

ځای